大學章句

大學章句 目次

凡 例

1. 이 책은 (社)傳統文化硏究會의 「한자한문교육총서」의 하나로서, 縱書로 된 고전의 원서에 익숙하게 하는 것을 목적으로 간행된 것이다.

2. 이 책은 內閣本(성균관대 대동문화연구원 영인본, 1965) 《大學章句大全》을 저본으로 하였다.

3. 저본의 내용에서 雙行小註를 제외하고 經文과 朱子의 集註 만으로 구성하였다.

4. 원문의 漢字는 가급적 古字, 略字, 俗字 등 異形字를 최소화하였다.

5. 저본에 따라 章과 節을 구분하고, 각 절의 시작 위치 상단에 '經 또는 傳의 장번호-절번호'의 형식으로 표시하였다.(예: 傳 1장 1절 ☛ **傳1-1**)

6. 각 장의 첫 절은 '○'로 표시하였다.

7. 책의 말미에 口訣表를 수록하여 원문 학습에 참고하도록 하였다.

8. '사서 원문' 교재는 사서 각각의 낱권과 세트를 동시에 간행하였다. 세트의 경우에는 분책이 쉽도록 합본하였다.

英祖大王御製序

夫三代盛時設庠序學校而教人此正禮記所云家有塾黨有庠州有序國有學者也故人生八歲皆入小學於大學則天子之元子衆子以至公卿大夫元士之適子與凡民之俊秀者及其成童皆入焉可不重歟大學之書有三綱焉曰明明德曰新民曰止於至善也有八條焉曰格物曰致知曰誠意曰正心曰修身曰齊家曰治國曰平天下也次序井井條理方方其學問之道紫陽朱夫子序文詳備以予蔑學何敢加一辭然是書與中庸相爲表裏次序

條理若是瞭然而學者其猶書自書我自我可勝歎哉噫
明德在何卽在我一心明明德之工在何亦在我一心若
能實下工夫正若顏子所云舜何人余何人者也而三代
以後師道在下學校不興莫能行灑掃之教故筋骸已强
利欲交中在我之明德不能自明旣不能格致又何以誠
意旣不能正心又何以修身不能格致不能誠正家齊國
治其何望哉其何望哉予於十九歲始讀大學二十九歲
入學也又講此書而自顧其行其亦書自我自心常恧焉
六十三視學明倫堂也先讀序文仍令侍講官及儒生次
第以講其日卽甲子也與朱夫子作序文之日偶然相符

日雖相符功效愈邈尤切靦然望七之年因追慕行三講
而欲取反約以中庸循環以講因經筵官之請繼講此書
自此以後庸學將輪回以講少時講此未見其效暮年重
講其何望效尤爲慨然者紫陽序文豈不云乎一有能盡
其性者天必命之以爲億兆之君師以予晩學涼德旣無
誠正之工亦無修齊之效而白首衰耗三講此書豈不自
恧乎然孔聖云溫故而知新若能因此而知新於予豈不
大有益也哉仍作序文自勉靈臺

歲戊寅十月甲寅序

讀大學法

朱子曰語孟隨事問答難見要領惟大學是曾子述孔子說古人爲學之大方而門人又傳述以明其旨前後相因體統都具翫味此書知得古人爲學所向却讀語孟便易入後面工夫雖多而大體已立矣○看這一書又自與看語孟不同語孟中只一項事是一箇道理如孟子說仁義處只就仁義上說道理孔子答顏淵以克己復禮只就克己復禮上說道理若大學却只統說論其功用之極至於平天下然天下所以平却先須治國國

之所以治却先須齊家家之所以齊却先須修身身之所以修却先須正心心之所以正却先須誠意意之所以誠却先須致知知之所以至却先須格物○大學是爲學綱目先讀大學立定綱領他書皆雜說在裏許通得大學了去看他經方見得此是格物致知事此是誠意正心事此是修身事此是齊家治國平天下事○今且熟讀大學作間架却以他書塡補去○大學是通言學之初終中庸是指本原極致處○問欲專看一書以何爲先曰先讀大學可見古人爲學首末次第不比他書他書非一時所言非一人所記

又曰看大學固是著逐句看去也須先統讀傳文教熟方好從頭仔細看若專不識傳文大意便看前頭亦難

又曰嘗欲作一說教人只將大學一日去讀一遍看他如何是大人之學如何是小學如何是明明德如何是新民如何是止於至善日日如是讀月來日去自見所謂溫故而知新須是知新日日看得新方得却不是道理解新但自家這箇意思長長地新○讀大學初間也只如此讀後來也只如此讀只是初間讀得似不與自家相關後來看熟見許多說話須著如此做不如此做自不得○讀書不可貪多當且以大學爲先逐段熟讀精

思須令了了分明方可改讀後段看第二段却思量前段令文意連屬却不妨○問大學稍通方要讀論語曰且未可大學稍通正好著心精讀前日讀時見得前未見得後面見得後未見得前面今識得大綱體統正好熟看讀此書功深則用博昔尹和靖見伊川半年方得大學西銘看今人半年要讀多少書某且要人讀此是如何緣此書却不多而規模周備凡讀書初一項須著十分工夫了第二項只費得八九分工夫第三項便只費得六七分工夫少間讀漸多自通貫他書自著不得多工夫○看大學俟見大指乃及他書但看時須是更

將大段分作小段字字句句不可容易放過常時暗誦默思反覆研究未上口時須教上口未通透時須教通透已通透後便要純熟直待不思索時此意常在心胸之間驅遣不去方是此一段了又換一段看令如此數段之後心安理熟覺工夫省力時便漸得力也

又曰大學是一箇腔子而今却要塡教他實如他說格物自家須是去格物後塡教他實著誠意亦然若只讀得空殼子亦無益也

讀大學豈在看他言語正欲驗之於心如何如好好色惡惡臭試驗之吾心果能好善惡惡如此乎閒居爲不

善是果有此乎一有不至則勇猛奮躍不已必有長進
今不知如此則書自書我自我何益之有
又曰某一生只看得這文字透見得前賢所未到處溫公
作通鑑言平生精力盡在此書某於大學亦然先須通
此方可讀他書
又曰伊川舊日教人先看大學那時未解說而今有註解
覺大段分曉了只在仔細看
又曰看大學且逐章理會先將本文念得次將章句來解
本文又將或問來參章句須逐一令記得反覆尋究待
他浹洽旣逐段曉得却統看溫尋過

又曰大學一書有正經有章句有或問看來看去不用或問只看章句便了久之又只看正經便了又久之自有一部大學在我胸中而正經亦不用矣然不用某許多工夫亦看某底不出不用聖賢許多工夫亦看聖賢底不出

又曰大學解本文未詳者於或問中詳之且從頭逐句理會到不通處却看或問乃註脚之註脚○某解書不合太多又先准備學者爲他設疑說了所以致得學者看得容易了○人只說某說大學等不略說使人自致思此事大不然人之爲學只爭箇肯與不肯耳他若不肯

向這裏略亦不解致思他若肯向此一邊自然有味愈詳愈有味

大學章句序

大學之書古之大學所以教人之法也蓋自天降生民則既莫不與之以仁義禮智之性矣然其氣質之稟或不能齊是以不能皆有以知其性之所有而全之也一有聰明睿智能盡其性者出於其間則天必命之以爲億兆之君師使之治而教之以復其性此伏羲神農黃帝堯舜所以繼天立極而司徒之職典樂之官所由設也三代之隆其法寖備然後王宮國都以及閭巷莫不有學人生八歲則自王公以下至於庶人之子弟皆入小學而教之以灑掃

應對進退之節禮樂射御書數之文及其十有五年則自
天子之元子衆子以至公卿大夫元士之適子與凡民之
俊秀皆入大學而教之以窮理正心修己治人之道此又
學校之教大小之節所以分也夫以學校之設其廣如此
教之之術其次第節目之詳又如此而其所以爲教則又
皆本之人君躬行心得之餘不待求之民生日用彝倫之
外是以當世之人無不學其學焉者無不有以知其性分
之所固有職分之所當爲而各俛焉以盡其力此古昔盛
時所以治隆於上俗美於下而非後世之所能及也及周
之衰賢聖之君不作學校之政不修教化陵夷風俗頹敗

時則有若孔子之聖而不得君師之位以行其政教於是獨取先王之法誦而傳之以詔後世若曲禮少儀內則弟子職諸篇固小學之支流餘裔而此篇者則因小學之成功以著大學之明法外有以極其規模之大而內有以盡其節目之詳者也三千之徒蓋莫不聞其說而曾氏之傳獨得其宗於是作爲傳義以發其意及孟子沒而其傳泯焉則其書雖存而知者鮮矣自是以來俗儒記誦詞章之習其功倍於小學而無用異端虛無寂滅之教其高過於大學而無實其他權謀術數一切以就功名之說與夫百家衆技之流所以惑世誣民充塞仁義者又紛然雜出乎

其間使其君子不幸而不得聞大道之要其小人不幸而不得蒙至治之澤晦盲否塞反覆沈痼以及五季之衰而壞亂極矣天運循環無往不復宋德隆盛治教休明於是河南程氏兩夫子出而有以接乎孟氏之傳實始尊信此篇而表章之旣又爲之次其簡編發其歸趣然後古者大學教人之法聖經賢傳之指粲然復明於世雖以熹之不敏亦幸私淑而與有聞焉顧其爲書猶頗放失是以忘其固陋采而輯之間亦竊附己意補其闕略以俟後之君子極知僭踰無所逃罪然於國家化民成俗之意學者修己治人之方則未必無小補云

淳熙己酉二月甲子新安朱熹序

大學章句

子程子曰大學孔氏之遺書而初學入德之門也於今可見古人爲學次第者獨賴此篇之存而論孟次之學者必由是而學焉則庶乎其不差矣

大學之道在明明德在親民在止於至善

程子曰親當作新○大學者大人之學也明明之也明德者人之所得乎天而虛靈不昧以具衆理而應萬事者也但爲氣稟所拘人欲所蔽則有時而昏然其本體之明則有未嘗息者故學者當因其所發而遂明之以

復其初也新者革其舊之謂也言旣自明其明德又當推以及人使之亦有以去其舊染之汚也止者必至於是而不遷之意至善則事理當然之極也言明明德新民皆當止於至善之地而不遷蓋必其有以盡夫天理之極而無一毫人欲之私也此三者大學之綱領也

知止而后有定定而后能靜靜而后能安安而后能慮慮而后能得

止者所當止之地卽至善之所在也知之則志有定向靜謂心不妄動安謂所處而安慮謂處事精詳得謂得其所止

物有本末事有終始知所先後則近道矣

明德爲本新民爲末知止爲始能得爲終本始所先末終所後此結上文兩節之意

古之欲明明德於天下者先治其國欲治其國者先齊其家欲齊其家者先修其身欲修其身者先正其心欲正其心者先誠其意欲誠其意者先致其知致知在格物

明明德於天下者使天下之人皆有以明其明德也心者身之所主也誠實也意者心之所發也實其心之所發欲其必自慊而無自欺也致推極也知猶識也推極吾之知識欲其所知無不盡也格至也物猶事也窮至

經 1-5

事物之理欲其極處無不到也此八者大學之條目也
物格而后知至知至而后意誠意誠而后心正心正而后
身修身修而后家齊家齊而后國治國治而后天下平
物格者物理之極處無不到也知至者吾心之所知無
不盡也知既盡則意可得而實矣意既實則心可得而
正矣修身以上明明德之事也齊家以下新民之事也
物格知至則知所止矣意誠以下則皆得所止之序也

經 1-6

自天子以至於庶人壹是皆以修身爲本
壹是一切也正心以上皆所以修身也齊家以下則舉
此而措之耳

其本亂而末治者否矣其所厚者薄而其所薄者厚未之有也

本謂身也所厚謂家也此兩節結上文兩節之意

右經一章蓋孔子之言而曾子述之其傳十章則曾子之意而門人記之也舊本頗有錯簡今因程子所定而更考經文別爲序次如左

凡傳文雜引經傳若無統紀然文理接續血脈貫通深淺始終至爲精密熟讀詳味久當見之今不盡釋也

○康誥曰克明德

康誥周書克能也

傳 1-2

太甲曰顧諟天之明命

太甲商書顧謂常目在之也諟猶此也或曰審也天之明命卽天之所以與我而我之所以爲德者也常目在之則無時不明矣

傳 1-3

帝典曰克明峻德

帝典堯典虞書峻大也

傳 1-4

皆自明也

結所引書皆言自明己德之意

右傳之首章釋明明德

傳 2-1 傳 2-2 傳 2-3

此通下三章至止於信舊本誤在沒世不忘之下

○湯之盤銘曰苟日新日日新又日新

盤沐浴之盤也銘名其器以自警之辭也苟誠也湯以人之洗濯其心以去惡如沐浴其身以去垢故銘其盤言誠能一日有以滌其舊染之汚而自新則當因其已新者而日日新之又日新之不可略有間斷也

康誥曰作新民

鼓之舞之之謂作言振起其自新之民也

詩曰周雖舊邦其命維新

詩大雅文王之篇言周國雖舊至於文王能新其德以

及於民而始受天命也

傳 2-4 是故君子無所不用其極

自新新民皆欲止於至善也

右傳之二章釋新民

傳 3-1 ○詩云邦畿千里惟民所止

詩商頌玄鳥之篇邦畿王者之都也止居也言物各有所當止之處也

傳 3-2 詩云緡蠻黃鳥止于丘隅子曰於止知其所止可以人而不如鳥乎

詩小雅緡蠻之篇緡蠻鳥聲丘隅岑蔚之處子曰以下

傳 3-3

孔子說詩之辭言人當知所當止之處也
詩云穆穆文王於緝熙敬止爲人君止於仁爲人臣止於
敬爲人子止於孝爲人父止於慈與國人交止於信
詩文王之篇穆穆深遠之意於歎美辭緝繼續也熙光
明也敬止言其無不敬而安所止也引此而言聖人之
止無非至善五者乃其目之大者也學者於此究其精
微之蘊而又推類以盡其餘則於天下之事皆有以知
其所止而無疑矣

傳 3-4

詩云瞻彼淇澳菉竹猗猗有斐君子如切如磋如琢如磨
瑟兮僩兮赫兮喧兮有斐君子終不可諠兮如切如磋者

道學也如琢如磨者自修也瑟兮僩兮者恂慄也赫兮喧
兮者威儀也有斐君子終不可諠兮者道盛德至善民之
不能忘也

詩衛風淇澳之篇淇水名澳隈也猗猗美盛貌興也斐
文貌切以刀鋸琢以椎鑿皆裁物使成形質也磋以鑢
鍚磨以沙石皆治物使其滑澤也治骨角者旣切而復
磋之治玉石者旣琢而復磨之皆言其治之有緖而益
致其精也瑟嚴密之貌僩武毅之貌赫喧宣著盛大之
貌諠忘也道言也學謂講習討論之事自修者省察克
治之功恂慄戰懼也威可畏也儀可象也引詩而釋之

以明明明德者之止於至善道學自修言其所以得之之由恂慄威儀言其德容表裏之盛卒乃指其實而歎美之也

詩云於戲前王不忘君子賢其賢而親其親小人樂其樂而利其利此以沒世不忘也

詩周頌烈文篇於戲歎辭前王謂文武也君子謂其後賢後王小人謂後民也此言前王所以新民者止於至善能使天下後世無一物不得其所所以旣沒世而人思慕之愈久而不忘也此兩節詠歎淫泆其味深長當熟玩之

右傳之三章釋止於至善

此章內自引淇澳詩以下舊本誤在誠意章下

○子曰聽訟吾猶人也必也使無訟乎無情者不得盡其辭大畏民志此謂知本

猶人不異於人也情實也引夫子之言而言聖人能使無實之人不敢盡其虛誕之辭蓋我之明德旣明自然有以畏服民之心志故訟不待聽而自無也觀於此言可以知本末之先後矣

右傳之四章釋本末

此章舊本誤在止於信下

此謂知本

程子曰衍文也

○此謂知之至也

此句之上別有闕文此特其結語耳

右傳之五章蓋釋格物致知之義而今亡矣

此章舊本通下章誤在經文之下

閒嘗竊取程子之意以補之曰所謂致知在格物者

言欲致吾之知在卽物而窮其理也蓋人心之靈莫

不有知而天下之物莫不有理惟於理有未窮故其

知有不盡也是以大學始教必使學者卽凡天下之

物莫不因其已知之理而益窮之以求至乎其極至於用力之久而一旦豁然貫通焉則衆物之表裏精粗無不到而吾心之全體大用無不明矣此謂物格此謂知之至也

○所謂誠其意者毋自欺也如惡惡臭如好好色此之謂自謙故君子必愼其獨也

誠其意者自修之首也毋者禁止之辭自欺云者知爲善以去惡而心之所發有未實也謙快也足也獨者人所不知而己所獨知之地也言欲自修者知爲善以去其惡則當實用其力而禁止其自欺使其惡惡則如惡

惡臭好善則如好好色皆務決去而求必得之以自快足於己不可徒苟且以徇外而爲人也然其實與不實蓋有他人所不及知而己獨知之者故必謹之於此以審其幾焉

小人閒居爲不善無所不至見君子而后厭然揜其不善而著其善人之視己如見其肺肝然則何益矣此謂誠於中形於外故君子必愼其獨也

閒居獨處也厭然消沮閉藏之貌此言小人陰爲不善而陽欲揜之則是非不知善之當爲與惡之當去也但不能實用其力以至此耳然欲揜其惡而卒不可揜欲

詐爲善而卒不可詐則亦何益之有哉此君子所以重
以爲戒而必謹其獨也

曾子曰十目所視十手所指其嚴乎

引此以明上文之意言雖幽獨之中而其善惡之不可
揜如此可畏之甚也

富潤屋德潤身心廣體胖故君子必誠其意

胖安舒也言富則能潤屋矣德則能潤身矣故心無愧
怍則廣大寬平而體常舒泰德之潤身者然也蓋善之
實於中而形於外者如此故又言此以結之

右傳之六章釋誠意

經曰欲誠其意先致其知又曰知至而后意誠蓋心體之明有所未盡則其所發必有不能實用其力而苟焉以自欺者然或已明而不謹乎此則其所明又非己有而無以爲進德之基故此章之指必承上章而通考之然後有以見其用力之始終其序不可亂而功不可闕如此云

○所謂修身在正其心者身有所忿懥則不得其正有所恐懼則不得其正有所好樂則不得其正有所憂患則不得其正

程子曰身有之身當作心○忿懥怒也蓋是四者皆心

之用而人所不能無者然一有之而不能察則欲動情勝而其用之所行或不能不失其正矣

傳 7-2

心不在焉視而不見聽而不聞食而不知其味

心有不存則無以檢其身是以君子必察乎此而敬以直之然後此心常存而身無不修也

傳 7-3

此謂修身在正其心

右傳之七章釋正心修身

此亦承上章以起下章蓋意誠則眞無惡而實有善矣所以能存是心以檢其身然或但知誠意而不能密察此心之存否則又無以直內而修身也

自此以下竝以舊文爲正

○所謂齊其家在修其身者人之其所親愛而辟焉之其所賤惡而辟焉之其所畏敬而辟焉之其所哀矜而辟焉之其所敖惰而辟焉故好而知其惡惡而知其美者天下鮮矣

人謂衆人之猶於也辟猶偏也五者在人本有當然之則然常人之情惟其所向而不加察焉則必陷於一偏而身不修矣

故諺有之曰人莫知其子之惡莫知其苗之碩

諺俗語也溺愛者不明貪得者無厭是則偏之爲害而

家之所以不齊也

此謂身不修不可以齊其家

右傳之八章釋修身齊家

○所謂治國必先齊其家者其家不可教而能教人者無之故君子不出家而成教於國孝者所以事君也弟者所以事長也慈者所以使衆也

身修則家可教矣孝弟慈所以修身而教於家者也然而國之所以事君事長使衆之道不外乎此此所以家齊於上而教成於下也

康誥曰如保赤子心誠求之雖不中不遠矣未有學養子

而后嫁者也
此引書而釋之又明立教之本不假强爲在識其端而
推廣之耳

傳 9-3

一家仁一國興仁一家讓一國興讓一人貪戾一國作亂
其機如此此謂一言僨事一人定國
一人謂君也機發動所由也僨覆敗也此言教成於國
之效

傳 9-4

堯舜帥天下以仁而民從之桀紂帥天下以暴而民從之
其所令反其所好而民不從是故君子有諸己而後求諸
人無諸己而後非諸人所藏乎身不恕而能喩諸人者未

之有也

此又承上文一人定國而言有善於己然後可以責人之善無惡於己然後可以正人之惡皆推己以及人所謂恕也不如是則所令反其所好而民不從矣喻曉也

故治國在齊其家

通結上文

詩云桃之夭夭其葉蓁蓁之子于歸宜其家人宜其家人而后可以敎國人

詩周南桃夭之篇夭夭少好貌蓁蓁美盛貌興也之子猶言是子此指女子之嫁者而言也婦人謂嫁曰歸宜

猶善也

傳 9-7

詩云宜兄宜弟宜兄宜弟而后可以教國人

詩小雅蓼蕭篇

傳 9-8

詩云其儀不忒正是四國其爲父子兄弟足法而后民法之也

詩曹風鳲鳩篇忒差也

傳 9-9

此謂治國在齊其家

此三引詩皆以詠歎上文之事而又結之如此其味深長最宜潛玩

右傳之九章釋齊家治國

○所謂平天下在治其國者上老老而民興孝上長長而民興弟上恤孤而民不倍是以君子有絜矩之道也

老老所謂老吾老也興謂有所感發而興起也孤者幼而無父之稱絜度也矩所以爲方也言此三者上行下效捷於影響所謂家齊而國治也亦可以見人心之所同而不可使有一夫之不獲矣是以君子必當因其所同推以度物使彼我之間各得分願則上下四旁均齊方正而天下平矣

所惡於上毋以使下所惡於下毋以事上所惡於前毋以先後所惡於後毋以從前所惡於右毋以交於左所惡於

左毋以交於右此之謂絜矩之道

此覆解上文絜矩二字之義如不欲上之無禮於我則必以此度下之心而亦不敢以此無禮使之不欲下之不忠於我則必以此度上之心而亦不敢以此不忠事之至於前後左右無不皆然則身之所處上下四旁長短廣狹彼此如一而無不方矣彼同有是心而興起焉者又豈有一夫之不獲哉所操者約而所及者廣此平天下之要道也故章內之意皆自此而推之

詩云樂只君子民之父母民之所好好之民之所惡惡之此之謂民之父母

詩小雅南山有臺之篇只語助辭言能絜矩而以民心爲己心則是愛民如子而民愛之如父母矣

傳 10-4

詩云節彼南山維石巖巖赫赫師尹民具爾瞻有國者不可以不愼辟則爲天下僇矣

詩小雅節南山之篇節截然高大貌師尹周太師尹氏也具俱也辟偏也言在上者人所瞻仰不可不謹若不能絜矩而好惡徇於一己之偏則身弑國亡爲天下之大戮矣

傳 10-5

詩云殷之未喪師克配上帝儀監于殷峻命不易道得衆則得國失衆則失國

詩文王篇師衆也配對也配上帝言其爲天下君而對乎上帝也監視也峻大也不易言難保也道言也引詩而言此以結上文兩節之意有天下者能存此心而不失則所以絜矩而與民同欲者自不能已矣

傳 10-6

是故君子先愼乎德有德此有人有人此有土有土此有財有財此有用

先謹乎德承上文不可不謹而言德卽所謂明德有人謂得衆有土謂得國有國則不患無財用矣

傳 10-7

德者本也財者末也

本上文而言

傳 10-8

外本內末爭民施奪

人君以德爲外以財爲內則是爭鬪其民而施之以劫奪之教也蓋財者人之所同欲不能絜矩而欲專之則民亦起而爭奪矣

傳 10-9

是故財聚則民散財散則民聚

外本內末故財聚爭民施奪故民散反是則有德而有人矣

傳 10-10

是故言悖而出者亦悖而入貨悖而入者亦悖而出

悖逆也此以言之出入明貨之出入也自先謹乎德以下至此又因財貨以明能絜矩與不能者之得失也

傳 10-11

康誥曰惟命不于常道善則得之不善則失之矣

道言也因上文引文王詩之意而申言之其丁寧反覆之意益深切矣

傳 10-12

楚書曰楚國無以爲寶惟善以爲寶

楚書楚語言不寶金玉而寶善人也

傳 10-13

舅犯曰亡人無以爲寶仁親以爲寶

舅犯晉文公舅狐偃字子犯亡人文公時爲公子出亡在外也仁愛也事見檀弓此兩節又明不外本而內末之意

傳 10-14

秦誓曰若有一个臣斷斷兮無他技其心休休焉其如有

容焉人之有技若己有之人之彥聖其心好之不啻若自
其口出寔能容之以能保我子孫黎民尙亦有利哉人之
有技媢疾以惡之人之彥聖而違之俾不通寔不能容以
不能保我子孫黎民亦曰殆哉

秦誓周書斷斷誠一之貌彥美士也聖通明也尙庶幾
也媢忌也違拂戾也殆危也

唯仁人放流之迸諸四夷不與同中國此謂唯仁人爲能
愛人能惡人

迸猶逐也言有此媢疾之人妨賢而病國則仁人必深
惡而痛絶之以其至公無私故能得好惡之正如此也

見賢而不能擧擧而不能先命也見不善而不能退退而不能遠過也

命鄭氏云當作慢程子云當作怠未詳孰是若此者知所愛惡矣而未能盡愛惡之道蓋君子而未仁者也

好人之所惡惡人之所好是謂拂人之性菑必逮夫身

拂逆也好善而惡惡人之性也至於拂人之性則不仁之甚者也自秦誓至此又皆以申言好惡公私之極以明上文所引南山有臺節南山之意

是故君子有大道必忠信以得之驕泰以失之

君子以位言之道謂居其位而修己治人之術發己自

盡爲忠循物無違謂信驕者矜高泰者侈肆此因上所引文王康誥之意而言章內三言得失而語益加切蓋至此而天理存亡之幾決矣

傳 10-19

生財有大道生之者衆食之者寡爲之者疾用之者舒則財恒足矣

呂氏曰國無遊民則生者衆矣朝無幸位則食者寡矣不奪農時則爲之疾矣量入爲出則用之舒矣愚按此因有土有財而言以明足國之道在乎務本而節用非必外本內末而後財可聚也自此以至終篇皆一意也

傳 10-20

仁者以財發身不仁者以身發財

傳 10-21

發猶起也仁者散財以得民不仁者亡身以殖貨

未有上好仁而下不好義者也未有好義其事不終者也

未有府庫財非其財者也

上好仁以愛其下則下好義以忠其上所以事必有終

而府庫之財無悖出之患也

傳 10-22

孟獻子曰畜馬乘不察於鷄豚伐冰之家不畜牛羊百乘之家不畜聚斂之臣與其有聚斂之臣寧有盜臣此謂國不以利爲利以義爲利也

孟獻子魯之賢大夫仲孫蔑也畜馬乘士初試爲大夫者也伐冰之家卿大夫以上喪祭用冰者也百乘之家

有采地者也君子寧亡己之財而不忍傷民之力故寧有盜臣而不畜聚斂之臣此謂以下釋獻子之言也長國家而務財用者必自小人矣彼爲善之小人之使爲國家菑害竝至雖有善者亦無如之何矣此謂國不以利爲利以義爲利也

彼爲善之此句上下疑有闕文誤字○自由也言由小人導之也此一節深明以利爲利之害而重言以結之其丁寧之意切矣

右傳之十章釋治國平天下

此章之義務在與民同好惡而不專其利皆推廣

絜矩之意也能如是則親賢樂利各得其所而天下平矣

凡傳十章前四章統論綱領旨趣後六章細論條目工夫其第五章乃明善之要第六章乃誠身之本在初學尤爲當務之急讀者不可以其近而忽之也

中庸章句

中庸章句 目次

凡例

1. 이 책은 (社)傳統文化硏究會의 「한자한문교육총서」의 하나로서, 縱書로 된 고전의 원서에 익숙하게 하는 것을 목적으로 간행된 것이다.

2. 이 책은 內閣本(성균관대 대동문화연구원 영인본, 1965) 《中庸章句大全》을 저본으로 하였다.

3. 저본의 내용에서 雙行小註를 제외하고 經文과 朱子의 集註 만으로 구성하였다.

4. 원문의 漢字는 가급적 古字, 略字, 俗字 등 異形字를 최소화하였다.

5. 저본에 따라 章과 節을 구분하고, 각 절의 시작 위치 상단에 '장번호-절번호'의 형식으로 표시하였다.(예: 1장 1절 ☛ **1-1**)

6. 각 장의 첫 절은 '○'로 표시하였다.

7. 책의 말미에 口訣表를 수록하여 원문 학습에 참고하도록 하였다.

8. '사서 원문' 교재는 사서 각각의 낱권과 세트를 동시에 간행하였다. 세트의 경우에는 분책이 쉽도록 합본하였다.

讀中庸法

朱子曰中庸一篇某妄以己意分其章句是書豈可以章句求哉然學者之於經未有不得於辭而能通其意者

又曰中庸初學者未當理會○中庸之書難看中間說鬼說神都無理會學者須是見得箇道理了方可看此書將來印證○讀書之序須是且著力去看大學又著力去看論語又著力去看孟子看得三書了這中庸半截都了不用問人只略略恁看過不可掉了易底却先去攻那難底中庸多說無形影說下學處少說上達處多

若且理會文義則可矣○讀書先須看大綱又看幾多間架如天命之謂性率性之謂道修道之謂教此是大綱夫婦所知所能與聖人不知不能處此類是間架譬人看屋先看他大綱次看幾多間間內又有小間然後方得貫通

又曰中庸自首章以下多對說將來直是整齊某舊讀中庸以爲子思做又時復有箇子曰字讀得熟後方見得是子思參夫子之說著爲此書自是沈潛反覆遂漸得其旨趣定得今章句擺布得來直恁麽細密○近看中庸於章句文義間窺見聖賢述作傳授之意極有條理

如繩貫棋局之不可亂○中庸當作六大節看首章是一節說中和自君子中庸以下十章是一節說中庸君子之道費而隱以下八章是一節說費隱哀公問政以下七章是一節說誠大哉聖人之道以下六章是一節說大德小德末章是一節復申首章之義

問中庸大學之別曰如讀中庸求義理只是致知功夫如謹獨修省亦只是誠意問只是中庸直說到聖而不可知處曰如大學裡也有如前王不忘便是篤恭而天下平底事

中庸章句序

中庸何爲而作也子思子憂道學之失其傳而作也蓋自上古聖神繼天立極而道統之傳有自來矣其見於經則允執厥中者堯之所以授舜也人心惟危道心惟微惟精惟一允執厥中者舜之所以授禹也堯之一言至矣盡矣而舜復益之以三言者則所以明夫堯之一言必如是而後可庶幾也

蓋嘗論之心之虛靈知覺一而已矣而以爲有人心道心之異者則以其或生於形氣之私或原於性命之正而所

以爲知覺者不同是以或危殆而不安或微妙而難見耳然人莫不有是形故雖上智不能無人心亦莫不有是性故雖下愚不能無道心二者雜於方寸之間而不知所以治之則危者愈危微者愈微而天理之公卒無以勝夫人欲之私矣精則察夫二者之間而不雜也一則守其本心之正而不離也從事於斯無少間斷必使道心常爲一身之主而人心每聽命焉則危者安微者著而動靜云爲自無過不及之差矣

夫堯舜禹天下之大聖也以天下相傳天下之大事也以天下之大聖行天下之大事而其授受之際丁寧告戒不

過如此則天下之理豈有以加於此哉自是以來聖聖相承若成湯文武之爲君皐陶伊傅周召之爲臣既皆以此而接夫道統之傳若吾夫子則雖不得其位而所以繼往聖開來學其功反有賢於堯舜者

然當是時見而知之者惟顔氏曾氏之傳得其宗及曾氏之再傳而復得夫子之孫子思則去聖遠而異端起矣子思懼夫愈久而愈失其眞也於是推本堯舜以來相傳之意質以平日所聞父師之言更互演繹作爲此書以詔後之學者蓋其憂之也深故其言之也切其慮之也遠故其說之也詳其曰天命率性則道心之謂也其曰擇善固執

則精一之謂也其曰君子時中則執中之謂也世之相後千有餘年而其言之不異如合符節歷選前聖之書所以提挈綱維開示蘊奧未有若是之明且盡者也自是而又再傳以得孟氏爲能推明是書以承先聖之統及其沒而遂失其傳焉則吾道之所寄不越乎言語文字之間而異端之說日新月盛以至於老佛之徒出則彌近理而大亂眞矣

然而尚幸此書之不泯故程夫子兄弟者出得有所考以續夫千載不傳之緒得有所據以斥夫二家似是之非蓋子思之功於是爲大而微程夫子則亦莫能因其語而得

其心也惜乎其所以爲說者不傳而凡石氏之所輯錄僅出於其門人之所記是以大義雖明而微言未析至其門人所自爲說則雖頗詳盡而多所發明然倍其師說而淫於老佛者亦有之矣

熹自蚤歲卽嘗受讀而竊疑之沈潛反復蓋亦有年一旦恍然似有得其要領者然後乃敢會衆說而折其衷旣爲定著章句一篇以俟後之君子而一二同志復取石氏書刪其繁亂名以輯略且記所嘗論辨取舍之意別爲或問以附其後然後此書之旨支分節解脈絡貫通詳略相因巨細畢擧而凡諸說之同異得失亦得以曲暢旁通而各

極其趣雖於道統之傳不敢妄議然初學之士或有取焉則亦庶乎行遠升高之一助云爾

淳熙己酉春三月戊申新安朱熹序

1-1

中庸章句

中者不偏不倚無過不及之名庸平常也

子程子曰不偏之謂中不易之謂庸中者天下之正道庸者天下之定理此篇乃孔門傳授心法子思恐其久而差也故筆之於書以授孟子其書始言一理中散爲萬事末復合爲一理放之則彌六合卷之則退藏於密其味無窮皆實學也善讀者玩索而有得焉則終身用之有不能盡者矣

○天命之謂性率性之謂道修道之謂教

命猶令也性卽理也天以陰陽五行化生萬物氣以成形而理亦賦焉猶命令也於是人物之生因各得其所賦之理以爲健順五常之德所謂性也率循也道猶路也人物各循其性之自然則其日用事物之間莫不各有當行之路是則所謂道也修品節之也性道雖同而氣稟或異故不能無過不及之差聖人因人物之所當行者而品節之以爲法於天下則謂之敎若禮樂刑政之屬是也蓋人知己之有性而不知其出於天知事之有道而不知其由於性知聖人之有敎而不知其因吾之所固有者裁之也故子思於此首發明之而董子所

謂道之大原出於天亦此意也

1-2 道也者不可須臾離也可離非道也是故君子戒愼乎其所不睹恐懼乎其所不聞

道者日用事物當行之理皆性之德而具於心無物不有無時不然所以不可須臾離也若其可離則豈率性之謂哉是以君子之心常存敬畏雖不見聞亦不敢忽所以存天理之本然而不使離於須臾之頃也

1-3 莫見乎隱莫顯乎微故君子愼其獨也

隱暗處也微細事也獨者人所不知而己所獨知之地也言幽暗之中細微之事跡雖未形而幾則已動人雖

不知而己獨知之則是天下之事無有著見明顯而過於此者是以君子旣常戒懼而於此尤加謹焉所以遏人欲於將萌而不使其潛滋暗長於隱微之中以至離道之遠也

喜怒哀樂之未發謂之中發而皆中節謂之和中也者天下之大本也和也者天下之達道也

喜怒哀樂情也其未發則性也無所偏倚故謂之中發皆中節情之正也無所乖戾故謂之和大本者天命之性天下之理皆由此出道之體也達道者循性之謂天下古今之所共由道之用也此言性情之德以明道不

可離之意

致中和天地位焉萬物育焉

致推而極之也位者安其所也育者遂其生也自戒懼而約之以至於至靜之中無所偏倚而其守不失則極其中而天地位矣自謹獨而精之以至於應物之處無少差謬而無適不然則極其和而萬物育矣蓋天地萬物本吾一體吾之心正則天地之心亦正矣吾之氣順則天地之氣亦順矣故其效驗至於如此此學問之極功聖人之能事初非有待於外而修道之教亦在其中矣是其一體一用雖有動靜之殊然必其體立而後用

2-1

有以行則其實亦非有兩事也故於此合而言之以結
上文之意
右第一章子思述所傳之意以立言首明道之本原
出於天而不可易其實體備於己而不可離次言存
養省察之要終言聖神功化之極蓋欲學者於此反
求諸身而自得之以去夫外誘之私而充其本然之
善楊氏所謂一篇之體要是也其下十章蓋子思引
夫子之言以終此章之義
○仲尼曰君子中庸小人反中庸
中庸者不偏不倚無過不及而平常之理乃天命所當

然精微之極致也唯君子爲能體之小人反是

君子之中庸也君子而時中小人之<反>中庸也小人而

無忌憚也

王肅本作小人之反中庸也程子亦以爲然今從之

○君子之所以爲中庸者以其有君子之德而又能隨

時以處中也小人之所以反中庸者以其有小人之心

而又無所忌憚也蓋中無定體隨時而在是乃平常之

理也君子知其在我故能戒謹不覩恐懼不聞而無時

不中小人不知有此則肆欲妄行而無所忌憚矣

右第二章

此下十章皆論中庸以釋首章之義文雖不屬而
意實相承也變和言庸者游氏曰以性情言之則
曰中和以德行言之則曰中庸是也然中庸之中
實兼中和之義

3-1 ○子曰中庸其至矣乎民鮮能久矣

過則失中不及則未至故惟中庸之德爲至然亦人所
同得初無難事但世教衰民不興行故鮮能之今已久
矣論語無能字

右第三章

4-1 ○子曰道之不行也我知之矣知者過之愚者不及也道

之不明也我知之矣賢者過之不肖者不及也

道者天理之當然中而已矣知愚賢不肖之過不及則生禀之異而失其中也知者知之過旣以道爲不足行愚者不及知又不知所以行此道之所以常不行也賢者行之過旣以道爲不足知不肖者不及行又不求所以知此道之所以常不明也

4-2 人莫不飮食也鮮能知味也

道不可離人自不察是以有過不及之弊

右第四章

5-1 ○子曰道其不行矣夫

由不明故不行

右第五章

此章承上章而擧其不行之端以起下章之意

○子曰舜其大知也與舜好問而好察邇言隱惡而揚善執其兩端用其中於民其斯以爲舜乎

舜之所以爲大知者以其不自用而取諸人也邇言者淺近之言猶必察焉其無遺善可知然於其言之未善者則隱而不宣其善者則播而不匿其廣大光明又如此則人孰不樂告以善哉兩端謂衆論不同之極致蓋凡物皆有兩端如小大厚薄之類於善之中又執其兩

端而量度以取中然後用之則其擇之審而行之至矣然非在我之權度精切不差何以與此此知之所以無過不及而道之所以行也

右第六章

○子曰人皆曰予知驅而納諸罟擭陷阱之中而莫之知辟也人皆曰予知擇乎中庸而不能期月守也

罟網也擭機檻也陷阱坑坎也皆所以掩取禽獸者也擇乎中庸辨別衆理以求所謂中庸卽上章好問用中之事也期月匝一月也言知禍而不知避以況能擇而不能守皆不得爲知也

右第七章

承上章大知而言又擧不明之端以起下章也

8-1

○子曰回之爲人也擇乎中庸得一善則拳拳服膺而弗失之矣

回孔子弟子顏淵名拳拳奉持之貌服猶著也膺胸也奉持而著之心胸之間言能守也顏子蓋眞知之故能擇能守如此此行之所以無過不及而道之所以明也

右第八章

9-1

○子曰天下國家可均也爵祿可辭也白刃可蹈也中庸不可能也

均平治也三者亦知仁勇之事天下之至難也然皆倚
於一偏故資之近而力能勉者皆足以能之至於中庸
雖若易能然非義精仁熟而無一毫人欲之私者不能
及也三者難而易中庸易而難此民之所以鮮能也

右第九章

亦承上章以起下章

10-1 ○子路問强

子路孔子弟子仲由也子路好勇故問强

10-2 子曰南方之强與北方之强與抑而强與

抑語辭而汝也

10-3
寬柔以教不報無道南方之强也君子居之
寬柔以教謂含容巽順以誨人之不及也不報無道謂橫逆之來直受之而不報也南方風氣柔弱故以含忍之力勝人爲强君子之道也

10-4
衽金革死而不厭北方之强也而强者居之
衽席也金戈兵之屬革甲冑之屬北方風氣剛勁故以果敢之力勝人爲强强者之事也

10-5
故君子和而不流强哉矯中立而不倚强哉矯國有道不變塞焉强哉矯國無道至死不變强哉矯
此四者汝之所當强也矯强貌詩曰矯矯虎臣是也倚

偏著也塞未達也國有道不變未達之所守國無道不變平生之所守也此則所謂中庸之不可能者非有以自勝其人欲之私不能擇而守也君子之强孰大於是夫子以是告子路者所以抑其血氣之剛而進之以德義之勇也

右第十章

11-1

○子曰素隱行怪後世有述焉吾弗爲之矣

素按漢書當作索蓋字之誤也索隱行怪言深求隱僻之理而過爲詭異之行也然以其足以欺世而盜名故後世或有稱述之者此知之過而不擇乎善行之過而

不用其中不當强而强者也聖人豈爲之哉

11-2

君子遵道而行半塗而廢吾弗能已矣

遵道而行則能擇乎善矣半塗而廢則力之不足也此其知雖足以及之而行有不逮當强而不强者也已止也聖人於此非勉焉而不敢廢蓋至誠無息自有所不能止也

11-3

君子依乎中庸遯世不見知而不悔唯聖者能之

不爲索隱行怪則依乎中庸而已不能半塗而廢是以遯世不見知而不悔也此中庸之成德知之盡仁之至不賴勇而裕如者正吾夫子之事而猶不自居也故曰

唯聖者能之而已

右第十一章

子思所引夫子之言以明首章之義者止此蓋此篇大旨以知仁勇三達德爲入道之門故於篇首卽以大舜顏淵子路之事明之舜知也顏淵仁也子路勇也三者廢其一則無以造道而成德矣餘見第二十章

12-1 ○君子之道費而隱

費用之廣也隱體之微也

12-2 夫婦之愚可以與知焉及其至也雖聖人亦有所不知焉

夫婦之不肖可以能行焉及其至也雖聖人亦有所不能焉天地之大也人猶有所憾故君子語大天下莫能載焉語小天下莫能破焉

君子之道近自夫婦居室之間遠而至於聖人天地之所不能盡其大無外其小無內可謂費矣然其理之所以然則隱而莫之見也蓋可知可能者道中之一事及其至而聖人不知不能則擧全體而言聖人固有所不能盡也侯氏曰聖人所不知如孔子問禮問官之類所不能如孔子不得位堯舜病博施之類愚謂人所憾於天地如覆載生成之偏及寒暑災祥之不得其正者

12-3

詩云鳶飛戾天魚躍于淵言其上下察也

詩大雅旱麓之篇鳶鴟類戾至也察著也子思引此詩以明化育流行上下昭著莫非此理之用所謂費也然其所以然者則非見聞所及所謂隱也故程子曰此一節子思喫緊爲人處活潑潑地讀者其致思焉

12-4

君子之道造端乎夫婦及其至也察乎天地

結上文

右第十二章子思之言蓋以申明首章道不可離之意也其下八章雜引孔子之言以明之

13-1

○子曰道不遠人人之爲道而遠人不可以爲道

13-2

道者率性而已固衆人之所能知能行者也故常不遠於人若爲道者厭其卑近以爲不足爲而反務爲高遠難行之事則非所以爲道矣

詩云伐柯伐柯其則不遠執柯以伐柯睨而視之猶以爲遠故君子以人治人改而止

詩豳風伐柯之篇柯斧柄則法也睨邪視也言人執柯伐木以爲柯者彼柯長短之法在此柯耳然猶有彼此之別故伐者視之猶以爲遠也若以人治人則所以爲人之道各在當人之身初無彼此之別故君子之治人也卽以其人之道還治其人之身其人能改卽止不治

蓋責之以其所能知能行非欲其遠人以爲道也張子所謂以衆人望人則易從是也

忠恕違道不遠施諸己而不願亦勿施於人

盡己之心爲忠推己及人爲恕違去也如春秋傳齊師違穀七里之違言自此至彼相去不遠非背而去之之謂也道卽其不遠人者是也施諸己而不願亦勿施於人忠恕之事也以己之心度人之心未嘗不同則道之不遠於人者可見故己之所不欲則勿以施於人亦不遠人以爲道之事張子所謂以愛己之心愛人則盡仁是也

君子之道四丘未能一焉所求乎子以事父未能也所求乎臣以事君未能也所求乎弟以事兄未能也所求乎朋友先施之未能也庸德之行庸言之謹有所不足不敢不勉有餘不敢盡言顧行行顧言君子胡不慥慥爾

求猶責也道不遠人凡己之所以責人者皆道之所當然也故反之以自責而自修焉庸平常也行者踐其實謹者擇其可德不足而勉則行益力言有餘而訒則謹益至謹之至則言顧行矣行之力則行顧言矣慥慥篤實貌言君子之言行如此豈不慥慥乎贊美之也凡此皆不遠人以爲道之事張子所謂以責人之心責己則

盡道是也

右第十三章

道不遠人者夫婦所能丘未能一者聖人所不能皆費也而其所以然者則至隱存焉下章放此

14-1

○君子素其位而行不願乎其外

素猶見在也言君子但因見在所居之位而爲其所當爲無慕乎其外之心也

14-2

素富貴行乎富貴素貧賤行乎貧賤素夷狄行乎夷狄素患難行乎患難君子無入而不自得焉

此言素其位而行也

14-3 在上位不陵下在下位不援上正己而不求於人則無怨

上不怨天下不尤人

此言不願乎其外也

14-4 故君子居易以俟命小人行險以徼幸

易平地也居易素位而行也俟命不願乎外也徼求也

幸謂所不當得而得者

14-5 子曰射有似乎君子失諸正鵠反求諸其身

畫布曰正棲皮曰鵠皆侯之中射之的也子思引此孔

子之言以結上文之意

右第十四章

子思之言也凡章首無子曰字者放此

15-1
○君子之道辟如行遠必自邇辟如登高必自卑

辟譬同

15-2
詩曰妻子好合如鼓瑟琴兄弟既翕和樂且耽宜爾室家樂爾妻帑

詩小雅常棣之篇鼓瑟琴和也翕亦合也耽亦樂也帑子孫也

15-3
子曰父母其順矣乎

夫子誦此詩而贊之曰人能和於妻子宜於兄弟如此則父母其安樂之矣子思引詩及此語以明行遠自邇

登高自卑之意

右第十五章

16-1

○子曰鬼神之爲德其盛矣乎

程子曰鬼神天地之功用而造化之迹也張子曰鬼神者二氣之良能也愚謂以二氣言則鬼者陰之靈也神者陽之靈也以一氣言則至而伸者爲神反而歸者爲鬼其實一物而已爲德猶言性情功效

16-2

視之而弗見聽之而弗聞體物而不可遺

鬼神無形與聲然物之終始莫非陰陽合散之所爲是其爲物之體而物之所不能遺也其言體物猶易所謂

幹事

16-3
使天下之人齊明盛服以承祭祀洋洋乎如在其上如在其左右

齊之爲言齊也所以齊不齊而致其齊也明猶潔也洋洋流動充滿之意能使人畏敬奉承而發見昭著如此乃其體物而不可遺之驗也孔子曰其氣發揚于上爲昭明焄蒿悽愴此百物之精也神之著也正謂此爾

16-4
詩曰神之格思不可度思矧可射思

詩大雅抑之篇格來也矧況也射厭也言厭怠而不敬也思語辭

夫微之顯誠之不可揜如此夫

誠者眞實無妄之謂陰陽合散無非實者故其發見之

不可揜如此

右第十六章

不見不聞隱也體物如在則亦費矣此前三章以

其費之小者而言此後三章以其費之大者而言

此一章兼費隱包大小而言

○子曰舜其大孝也與德爲聖人尊爲天子富有四海之

內宗廟饗之子孫保之

子孫謂虞思陳胡公之屬

17-2 故大德必得其位必得其祿必得其名必得其壽

舜年百有十歲

17-3 故天之生物必因其材而篤焉故栽者培之傾者覆之

材質也篤厚也栽植也氣至而滋息爲培氣反而游散則覆

17-4 詩曰嘉樂君子憲憲令德宜民宜人受祿于天保佑命之自天申之

詩大雅假樂之篇假當依此作嘉憲當依詩作顯申重也

17-5 故大德者必受命

受命者受天命爲天子也

右第十七章

此由庸行之常推之以極其至見道之用廣也而其所以然者則爲體微矣後二章亦此意

18-1

○子曰無憂者其惟文王乎以王季爲父以武王爲子父作之子述之

此言文王之事書言王季其勤王家蓋其所作亦積功累仁之事也

18-2

武王纘大王王季文王之緒壹戎衣而有天下身不失天下之顯名尊爲天子富有四海之內宗廟饗之子孫保之

此言武王之事纘繼也大王王季之父也書云大王肇基王迹詩云至于大王實始翦商緖業也戎衣甲胄之屬壹戎衣武成文言壹著戎衣以伐紂也

武王末受命周公成文武之德追王大王王季上祀先公以天子之禮斯禮也達乎諸侯大夫及士庶人父爲大夫子爲士葬以大夫祭以士父爲士子爲大夫葬以士祭以大夫期之喪達乎大夫三年之喪達乎天子父母之喪無貴賤一也

此言周公之事末猶老也追王蓋推文武之意以及乎王迹之所起也先公組紺以上至后稷也上祀先公以

天子之禮又推大王王季之意以及於無窮也制爲禮法以及天下使葬用死者之爵祭用生者之祿喪服自期以下諸侯絶大夫降而父母之喪上下同之推己以及人也

右第十八章

19-1

○子曰武王周公其達孝矣乎

達通也承上章而言武王周公之孝乃天下之人通謂之孝猶孟子之言達尊也

19-2

夫孝者善繼人之志善述人之事者也

上章言武王纘大王王季文王之緖以有天下而周公

19-3

成文武之德以追崇其先祖此繼志述事之大者也下
文又以其所制祭祀之禮通于上下者言之
春秋修其祖廟陳其宗器設其裳衣薦其時食
祖廟天子七諸侯五大夫三適士二官師一宗器先世
所藏之重器若周之赤刀大訓天球河圖之屬也裳衣
先祖之遺衣服祭則設之以授尸也時食四時之食各
有其物如春行羔豚膳膏香之類是也

19-4

宗廟之禮所以序昭穆也序爵所以辨貴賤也序事所以
辨賢也旅酬下爲上所以逮賤也燕毛所以序齒也
宗廟之次左爲昭右爲穆而子孫亦以爲序有事於太

廟則子姓兄弟群昭群穆咸在而不失其倫焉爵公侯卿大夫也事宗祝有司之職事也旅衆也酬導飮也旅酬之禮賓弟子兄弟之子各擧觶於其長而衆相酬蓋宗廟之中以有事爲榮故逮及賤者使亦得以申其敬也燕毛祭畢而燕則以毛髮之色別長幼爲坐次也齒年數也

踐其位行其禮奏其樂敬其所尊愛其所親事死如事生事亡如事存孝之至也

踐猶履也其指先王也所尊所親先王之祖考子孫臣庶也始死謂之死旣葬則曰反而亡焉皆指先王也此

結上文兩節皆繼志述事之意也

郊社之禮所以事上帝也宗廟之禮所以祀乎其先也明乎郊社之禮禘嘗之義治國其如示諸掌乎

郊祭天社祭地不言后土者省文也禘天子宗廟之大祭追祭太祖之所自出於太廟而以太祖配之也嘗秋祭也四時皆祭擧其一耳禮必有義對擧之互文也示與視同視諸掌言易見也此與論語文意大同小異記有詳略耳

右第十九章

○哀公問政

哀公魯君名蔣

20-2
子曰文武之政布在方策其人存則其政擧其人亡則其政息

方版也策簡也息猶滅也有是君有是臣則有是政矣

20-3
人道敏政地道敏樹夫政也者蒲盧也

敏速也蒲盧沈括以爲蒲葦是也以人立政猶以地種樹其成速矣而蒲葦又易生之物其成尤速也言人存政擧其易如此

20-4
故爲政在人取人以身修身以道修道以仁

此承上文人道敏政而言也爲政在人家語作爲政在

於得人語意尤備人謂賢臣身指君身道者天下之達
道仁者天地生物之心而人得以生者所謂元者善之
長也言人君爲政在於得人而取人之則又在修身能
仁其身則有君有臣而政無不擧矣

20-5 仁者人也親親爲大義者宜也尊賢爲大親親之殺尊賢
之等禮所生也

人指人身而言具此生理自然便有惻怛慈愛之意深
體味之可見宜者分別事理各有所宜也禮則節文斯
二者而已

20-6 在下位不獲乎上民不可得而治矣

鄭氏曰此句在下誤重在此

20-7

故君子不可以不修身思修身不可以不事親思事親不可以不知人思知人不可以不知天

爲政在人取人以身故不可以不修身修身以道修道以仁故思修身不可以不事親欲盡親親之仁必由尊賢之義故又當知人親親之殺尊賢之等皆天理也故又當知天

20-8

天下之達道五所以行之者三曰君臣也父子也夫婦也昆弟也朋友之交也五者天下之達道也知仁勇三者天下之達德也所以行之者一也

達道者天下古今所共由之路卽書所謂五典孟子所謂父子有親君臣有義夫婦有別長幼有序朋友有信是也知所以知此也仁所以體此也勇所以强此也謂之達德者天下古今所同得之理也一則誠而已矣達道雖人所共由然無是三德則無以行之達德雖人所同得然一有不誠則人欲間之而德非其德矣程子曰所謂誠者止是誠實此三者三者之外更別無誠

或生而知之或學而知之或困而知之及其知之一也或安而行之或利而行之或勉强而行之及其成功一也

知之者之所知行之者之所行謂達道也以其分而言

則所以知者知也所以行者仁也所以至於知之成功而一者勇也以其等而言則生知安行者知也學知利行者仁也困知勉行者勇也蓋人性雖無不善而氣稟有不同者故聞道有蚤莫行道有難易然能自强不息則其至一也呂氏曰所入之塗雖異而所至之域則同此所以爲中庸若乃企生知安行之資爲不可幾及輕困知勉行謂不能有成此道之所以不明不行也

子曰好學近乎知力行近乎仁知恥近乎勇

子曰二字衍文○此言未及乎達德而求以入德之事通上文三知爲知三行爲仁則此三近者勇之次也呂

氏曰愚者自是而不求自私者徇人欲而忘返懦者甘
爲人下而不辭故好學非知然足以破愚力行非仁然
足以忘私知恥非勇然足以起懦

20-11 知斯三者則知所以修身知所以修身則知所以治人知
所以治人則知所以治天下國家矣

斯三者指三近而言人者對己之稱天下國家則盡乎
人矣言此以結上文修身之意起下文九經之端也

20-12 凡爲天下國家有九經曰修身也尊賢也親親也敬大臣
也體群臣也子庶民也來百工也柔遠人也懷諸侯也

經常也體謂設以身處其地而察其心也子如父母之

愛其子也柔遠人所謂無忘賓旅者也此列九經之目也呂氏曰天下國家之本在身故修身爲九經之本然必親師取友然後修身之道進故尊賢次之道之所進莫先其家故親親次之由家以及朝廷故敬大臣體群臣次之由朝廷以及其國故子庶民來百工次之由其國以及天下故柔遠人懷諸侯次之此九經之序也視群臣猶吾四體視百姓猶吾子此視臣視民之別也

修身則道立尊賢則不惑親親則諸父昆弟不怨敬大臣則不眩體群臣則士之報禮重子庶民則百姓勸來百工則財用足柔遠人則四方歸之懷諸侯則天下畏之

此言九經之效也道立謂道成於己而可爲民表所謂皇建其有極是也不惑謂不疑於理不眩謂不迷於事敬大臣則信任專而小臣不得以間之故臨事而不眩也來百工則通功易事農末相資故財用足柔遠人則天下之旅皆悅而願出於其塗故四方歸懷諸侯則德之所施者博而威之所制者廣矣故曰天下畏之

齊明盛服非禮不動所以修身也去讒遠色賤貨而貴德所以勸賢也尊其位重其祿同其好惡所以勸親親也官盛任使所以勸大臣也忠信重祿所以勸士也時使薄斂所以勸百姓也日省月試旣稟稱事所以勸百工也送往

迎來嘉善而矜不能所以柔遠人也繼絶世擧廢國治亂持危朝聘以時厚往而薄來所以懷諸侯也

此言九經之事也官盛任使謂官屬衆盛足任使令也蓋大臣不當親細事故所以優之者如此忠信重祿謂待之誠而養之厚蓋以身體之而知其所賴乎上者如此也既讀曰餼餼稟稍食也稱事如周禮稟人職曰考其弓弩以上下其食是也往則爲之授節以送之來則豐其委積以迎之朝謂諸侯見於天子聘謂諸侯使大夫來獻王制比年一小聘三年一大聘五年一朝厚往薄來謂燕賜厚而納貢薄

20-15 凡爲天下國家有九經所以行之者一也

一者誠也一有不誠則是九者皆爲虛文矣此九經之實也

20-16 凡事豫則立不豫則廢言前定則不跲事前定則不困行前定則不疚道前定則不窮

凡事指達道達德九經之屬豫素定也跲躓也疚病也

此承上文言凡事皆欲先立乎誠如下文所推是也

20-17 在下位不獲乎上民不可得而治矣獲乎上有道不信乎朋友不獲乎上矣信乎朋友有道不順乎親不信乎朋友矣順乎親有道反諸身不誠不順乎親矣誠身有道不明

乎善不誠乎身矣

此又以在下位者推言素定之意反諸身不誠謂反求諸身而所存所發未能眞實而無妄也不明乎善謂不能察於人心天命之本然而眞知至善之所在也

誠者天之道也誠之者人之道也誠者不勉而中不思而得從容中道聖人也誠之者擇善而固執之者也

此承上文誠身而言誠者眞實無妄之謂天理之本然也誠之者未能眞實無妄而欲其眞實無妄之謂人事之當然也聖人之德渾然天理眞實無妄不待思勉而從容中道則亦天之道也未至於聖則不能無人欲之

私而其爲德不能皆實故未能不思而得則必擇善然後可以明善未能不勉而中則必固執而後可以誠身此則所謂人之道也不思而得生知也不勉而中安行也擇善學知以下之事固執利行以下之事也

20-19

博學之審問之愼思之明辨之篤行之

此誠之之目也學問思辨所以擇善而爲知學而知也篤行所以固執而爲仁利而行也程子曰五者廢其一非學也

20-20

有弗學學之弗能弗措也有弗問問之弗知弗措也有弗思思之弗得弗措也有弗辨辨之弗明弗措也有弗行行

之弗篤弗措也人一能之己百之人十能之己千之
君子之學不爲則已爲則必要其成故常百倍其功此
困而知勉而行者也勇之事也
果能此道矣雖愚必明雖柔必強
明者擇善之功強者固執之效呂氏曰君子所以學者
爲能變化氣質而已德勝氣質則愚者可進於明柔者
可進於強不能勝之則雖有志於學亦愚不能明柔不
能立而已矣蓋均善而無惡者性也人所同也昏明強
弱之稟不齊者才也人所異也誠之者所以反其同而
變其異也夫以不美之質求變而美非百倍其功不足

以致之今以鹵莽滅裂之學或作或輟以變其不美之質及不能變則曰天質不美非學所能變是果於自棄其爲不仁甚矣

右第二十章

此引孔子之言以繼大舜文武周公之緒明其所傳之一致擧而措之亦猶是爾蓋包費隱兼小大以終十二章之意章內語誠始詳而所謂誠者實此篇之樞紐也又按孔子家語亦載此章而其文尤詳成功一也之下有公曰子之言美矣至矣寡人實固不足以成之也故其下復以子曰起答辭

今無此問辭而猶有子曰二字蓋子思刪其繁文以附于篇而所刪有不盡者今當爲衍文也博學之以下家語無之意彼有闕文抑此或子思所補也歟

○自誠明謂之性自明誠謂之教誠則明矣明則誠矣

自由也德無不實而明無不照者聖人之德所性而有者也天道也先明乎善而後能實其善者賢人之學由教而入者也人道也誠則無不明矣明則可以至於誠矣

右第二十一章子思承上章夫子天道人道之意而

立言也自此以下十二章皆子思之言以反覆推明

此章之意

○惟天下至誠爲能盡其性能盡其性則能盡人之性能盡人之性則能盡物之性能盡物之性則可以贊天地之化育可以贊天地之化育則可以與天地參矣

天下至誠謂聖人之德之實天下莫能加也盡其性者德無不實故無人欲之私而天命之在我者察之由之巨細精粗無毫髮之不盡也人物之性亦我之性但以所賦形氣不同而有異耳能盡之者謂知之無不明而處之無不當也贊猶助也與天地參謂與天地竝立而

爲三也此自誠而明者之事也

右第二十二章

言天道也

○其次致曲曲能有誠誠則形形則著著則明明則動動則變變則化唯天下至誠爲能化

其次通大賢以下凡誠有未至者而言也致推致也曲一偏也形者積中而發外著則又加顯矣明則又有光輝發越之盛也動者誠能動物變者物從而變化則有不知其所以然者蓋人之性無不同而氣則有異故惟聖人能擧其性之全體而盡之其次則必自其善端發

見之偏而悉推致之以各造其極也曲無不致則德無不實而形著動變之功自不能已積而至於能化則其至誠之妙亦不異於聖人矣

右第二十三章

言人道也

○至誠之道可以前知國家將興必有禎祥國家將亡必有妖孽見乎蓍龜動乎四體禍福將至善必先知之不善必先知之故至誠如神

禎祥者福之兆妖孽者禍之萌蓍所以筮龜所以卜四體謂動作威儀之間如執玉高卑其容俯仰之類凡此

皆理之先見者也然唯誠之至極而無一毫私僞留於

心目之間者乃能有以察其幾焉神謂鬼神

右第二十四章

言天道也

25-1

○誠者自成也而道自道也

言誠者物之所以自成而道者人之所當自行也誠以

心言本也道以理言用也

25-2

誠者物之終始不誠無物是故君子誠之爲貴

天下之物皆實理之所爲故必得是理然後有是物所

得之理旣盡則是物亦盡而無有矣故人之心一有不

實則雖有所爲亦如無有而君子必以誠爲貴也蓋人之心能無不實乃爲有以自成而道之在我者亦無不行矣

誠者非自成己而已也所以成物也成己仁也成物知也性之德也合內外之道也故時措之宜也

誠雖所以成己然旣有以自成則自然及物而道亦行於彼矣仁者體之存知者用之發是皆吾性之固有而無內外之殊旣得於己則見於事者以時措之而皆得其宜也

右第二十五章

言人道也

26-1 ○故至誠無息

既無虛假自無間斷

26-2 不息則久久則徵

久常於中也徵驗於外也

26-3 徵則悠遠悠遠則博厚博厚則高明

此皆以其驗於外者言之鄭氏所謂至誠之德著於四方者是也存諸中者既久則驗於外者益悠遠而無窮矣悠遠故其積也廣博而深厚博厚故其發也高大而光明

26-4
博厚所以載物也高明所以覆物也悠久所以成物也
悠久卽悠遠兼內外而言之也本以悠遠致高厚而高
厚又悠久也此言聖人與天地同用

26-5
博厚配地高明配天悠久無疆
此言聖人與天地同體

26-6
如此者不見而章不動而變無爲而成
見猶示也不見而章以配地而言也不動而變以配天
而言也無爲而成以無疆而言也

26-7
天地之道可一言而盡也其爲物不貳則其生物不測
此以下復以天地明至誠無息之功用天地之道可一

言而盡不過曰誠而已不貳所以誠也誠故不息而生物之多有莫知其所以然者

26-8
天地之道博也厚也高也明也悠也久也

言天地之道誠一不貳故能各極其盛而有下文生物之功

26-9
今夫天斯昭昭之多及其無窮也日月星辰繫焉萬物覆焉今夫地一撮土之多及其廣厚載華嶽而不重振河海而不洩萬物載焉今夫山一卷石之多及其廣大草木生之禽獸居之寶藏興焉今夫水一勺之多及其不測黿鼉蛟龍魚鼈生焉貨財殖焉

昭昭猶耿耿小明也此指其一處而言之及其無窮猶十二章及其至也之意蓋擧全體而言也振收也卷區也此四條皆以發明由其不貳不息以致盛大而能生物之意然天地山川實非由積累而後大讀者不以辭害意可也

詩云維天之命於穆不已蓋曰天之所以爲天也於乎不顯文王之德之純蓋曰文王之所以爲文也純亦不已

詩周頌維天之命篇於歎辭穆深遠也不顯猶言豈不顯也純純一不雜也引此以明至誠無息之意程子曰天道不已文王純於天道亦不已純則無二無雜不已

則無間斷先後

右第二十六章

言天道也

27-1 ○大哉聖人之道

包下文兩節而言

27-2 洋洋乎發育萬物峻極于天

峻高大也此言道之極於至大而無外也

27-3 優優大哉禮儀三百威儀三千

優優充足有餘之意禮儀經禮也威儀曲禮也此言道之入於至小而無間也

27-4 待其人而後行

總結上兩節

27-5 故曰苟不至德至道不凝焉

至德謂其人至道指上兩節而言凝聚也成也

27-6 故君子尊德性而道問學致廣大而盡精微極高明而道中庸溫故而知新敦厚以崇禮

尊者恭敬奉持之意德性者吾所受於天之正理道由也溫猶燖溫之溫謂故學之矣復時習之也敦加厚也尊德性所以存心而極乎道體之大也道問學所以致知而盡乎道體之細也二者修德凝道之大端也不以

一毫私意自蔽不以一毫私欲自累涵泳乎其所已知敦篤乎其所已能此皆存心之屬也析理則不使有毫釐之差處事則不使有過不及之謬理義則日知其所未知節文則日謹其所未謹此皆致知之屬也蓋非存心無以致知而存心者又不可以不致知故此五句大小相資首尾相應聖賢所示入德之方莫詳於此學者宜盡心焉

是故居上不驕爲下不倍國有道其言足以興國無道其默足以容詩曰旣明且哲以保其身其此之謂與

興謂興起在位也詩大雅烝民之篇

右第二十七章

言人道也

28-1 ○子曰愚而好自用賤而好自專生乎今之世反古之道

如此者烖及其身者也

以上孔子之言子思引之反復也

28-2 非天子不議禮不制度不考文

此以下子思之言禮親疏貴賤相接之體也度品制文

書名

28-3 今天下車同軌書同文行同倫

今子思自謂當時也軌轍迹之度倫次序之體三者皆

同言天下一統也

28-4 雖有其位苟無其德不敢作禮樂焉雖有其德苟無其位亦不敢作禮樂焉

鄭氏曰言作禮樂者必聖人在天子之位

28-5 子曰吾說夏禮杞不足徵也吾學殷禮有宋存焉吾學周禮今用之吾從周

此又引孔子之言杞夏之後徵證也宋殷之後三代之禮孔子皆嘗學之而能言其意但夏禮既不可考證殷禮雖存又非當世之法惟周禮乃時王之制今日所用孔子既不得位則從周而已

右第二十八章

承上章爲下不倍而言亦人道也

29-1 ○王天下有三重焉其寡過矣乎

呂氏曰三重謂議禮制度考文惟天子得以行之則國不異政家不殊俗而人得寡過矣

29-2 上焉者雖善無徵無徵不信不信民弗從下焉者雖善不尊不尊不信不信民弗從

上焉者謂時王以前如夏商之禮雖善而皆不可考下焉者謂聖人在下如孔子雖善於禮而不在尊位也

29-3 故君子之道本諸身徵諸庶民考諸三王而不謬建諸天

29-4

地而不悖質諸鬼神而無疑百世以俟聖人而不惑

此君子指王天下者而言其道卽議禮制度考文之事也本諸身有其德也徵諸庶民驗其所信從也建立也立於此而參於彼也天地者道也鬼神者造化之迹也百世以俟聖人而不惑所謂聖人復起不易吾言者也

質諸鬼神而無疑知天也百世以俟聖人而不惑知人也

知天知人知其理也

29-5

是故君子動而世爲天下道行而世爲天下法言而世爲天下則遠之則有望近之則不厭

動兼言行而言道兼法則而言法法度也則準則也

詩曰在彼無惡在此無射庶幾夙夜以永終譽君子未有不如此而蚤有譽於天下者也

詩周頌振鷺之篇射厭也所謂此者指本諸身以下六事而言

右第二十九章

承上章居上不驕而言亦人道也

○仲尼祖述堯舜憲章文武上律天時下襲水土

祖述者遠宗其道憲章者近守其法律天時者法其自然之運襲水土者因其一定之理皆兼內外該本末而言也

30-2
辟如天地之無不持載無不覆幬辟如四時之錯行如日月之代明

錯猶迭也此言聖人之德

30-3
萬物竝育而不相害道竝行而不相悖小德川流大德敦化此天地之所以爲大也

悖猶背也天覆地載萬物竝育於其間而不相害四時日月錯行代明而不相悖所以不害不悖者小德之川流所以竝育竝行者大德之敦化小德者全體之分大德者萬殊之本川流者如川之流脈絡分明而往不息也敦化者敦厚其化根本盛大而出無窮也此言天地

之道以見上文取譬之意也

右第三十章

言天道也

31-1

○唯天下至聖爲能聰明睿知足以有臨也寬裕溫柔足以有容也發强剛毅足以有執也齊莊中正足以有敬也文理密察足以有別也

聰明睿知生知之質臨謂居上而臨下也其下四者乃仁義禮智之德文文章也理條理也密詳細也察明辨也

31-2

溥博淵泉而時出之

溥博周徧而廣濶也淵泉靜深而有本也出發見也言五者之德充積於中而以時發見於外也

31-3

溥博如天淵泉如淵見而民莫不敬言而民莫不信行而民莫不說

言其充積極其盛而發見當其可也

31-4

是以聲名洋溢乎中國施及蠻貊舟車所至人力所通天之所覆地之所載日月所照霜露所隊凡有血氣者莫不尊親故曰配天

舟車所至以下蓋極言之配天言其德之所及廣大如天也

右第三十一章

承上章而言小德之川流亦天道也

○唯天下至誠爲能經綸天下之大經立天下之大本知天地之化育夫焉有所倚

經綸皆治絲之事經者理其緖而分之綸者比其類而合之也經常也大經者五品之人倫大本者所性之全體也惟聖人之德極誠無妄故於人倫各盡其當然之實而皆可以爲天下後世法所謂經綸之也其於所性之全體無一毫人欲之僞以雜之而天下之道千變萬化皆由此出所謂立之也其於天地之化育則亦其極

誠無妄者有默契焉非但聞見之知而已此皆至誠無妄自然之功用夫豈有所倚著於物而後能哉

32-2
肫肫其仁淵淵其淵浩浩其天

肫肫懇至貌以經綸而言也淵淵靜深貌以立本而言也浩浩廣大貌以知化而言也其淵其天則非特如之而已

32-3
苟不固聰明聖知達天德者其孰能知之

固猶實也鄭氏曰唯聖人能知聖人也

右第三十二章

承上章而言大德之敦化亦天道也前章言至聖

之德此章言至誠之道然至誠之道非至聖不能知至聖之德非至誠不能爲則亦非二物矣此篇言聖人天道之極致至此而無以加矣

○詩曰衣錦尙絅惡其文之著也故君子之道闇然而日章小人之道的然而日亡君子之道淡而不厭簡而文溫而理知遠之近知風之自知微之顯可與入德矣

前章言聖人之德極其盛矣此復自下學立心之始言之而下文又推之以至其極也詩國風衛碩人鄭之丰皆作衣錦褧衣褧絅同禪衣也尙加也古之學者爲己故其立心如此尙絅故闇然衣錦故有日章之實淡簡

溫絅之襲於外也不厭而文且理焉錦之美在中也小人反是則暴於外而無實以繼之是以的然而日亡也遠之近見於彼者由於此也風之自著乎外者本乎內也微之顯有諸內者形諸外也有爲己之心而又知此三者則知所謹而可入德矣故下文引詩言謹獨之事

33-2

詩云潛雖伏矣亦孔之昭故君子內省不疚無惡於志君子之所不可及者其唯人之所不見乎

詩小雅正月之篇承上文言莫見乎隱莫顯乎微也疚病也無惡於志猶言無愧於心此君子謹獨之事也

33-3

詩云相在爾室尙不愧于屋漏故君子不動而敬不言而

信

詩大雅抑之篇相視也屋漏室西北隅也承上文又言

君子之戒謹恐懼無時不然不待言動而後敬信則其

爲己之功益加密矣故下文引詩幷言其效

33-4

詩曰奏假無言時靡有爭是故君子不賞而民勸不怒而

民威於鈇鉞

詩商頌烈祖之篇奏進也承上文而遂及其效言進而

感格於神明之際極其誠敬無有言說而人自化之也

威畏也鈇莝斫刀也鉞斧也

33-5

詩曰不顯惟德百辟其刑之是故君子篤恭而天下平

詩周頌烈文之篇不顯說見二十六章此借引以爲幽深玄遠之意承上文言天子有不顯之德而諸侯法之則其德愈深而效愈遠矣篤厚也篤恭言不顯其敬也篤恭而天下平乃聖人至德淵微自然之應中庸之極功也

詩云予懷明德不大聲以色子曰聲色之於以化民末也詩云德輶如毛毛猶有倫上天之載無聲無臭至矣

詩大雅皇矣之篇引之以明上文所謂不顯之德者正以其不大聲與色也又引孔子之言以爲聲色乃化民之末務今但言不大之而已則猶有聲色者存是未足

以形容不顯之妙不若烝民之詩所言德輶如毛則庶乎可以形容矣而又自以爲謂之毛則猶有可比者是亦未盡其妙不若文王之詩所言上天之事無聲無臭然後乃爲不顯之至耳蓋聲臭有氣無形在物最爲微妙而猶曰無之故惟此可以形容不顯篤恭之妙非此德之外又別有是三等然後爲至也

右第三十三章子思因前章極致之言反求其本復自下學爲己謹獨之事推而言之以馴致乎篤恭而天下平之盛又贊其妙至於無聲無臭而後已焉蓋舉一篇之要而約言之其反復丁寧示人之意至深

切矣學者其可不盡心乎

구결표

1. 음音에 따라 만든 것

漢字	口訣	音	한자	구결	음	한자	구결	음
隱	卩	은,는,ㄴ	乙	乙	을,를,ㄹ	厓	厂	에,애
刀	刀	도	面	丆	면	屎	尸	히
牙	牙	아	也	ㄱ	야	旀	尒	며
古	口	고	尼	匕	니	羅	ᄉ	라
時	寸	시	多	夕	다	小	小	소
那	尹	나	代	弋	대	乎	亐	호
淚	户	러	奴	又	노,로	於	亽	어
里	曰	리	舍	士,舍	사	西	西	서
馬	馬	마	言	言	언	矣	厶	의
底	广	저	五	五	오	丁	丁	정
巨	巨	거,커	申	申	신			

2. 훈訓에 따라 만든 것

漢字	口訣	音	한자	구결	음	한자	구결	음
爲	丷	하(할 위)	是	丶	이(이 시)	加	力	더(더할 가)
等	尒	드(등급 등)	月	月	다(달 월)			

3. 복합형

口訣	音	구결	음	구결	음	구결	음	구결	음	구결	음
丶卩	인	尒卩	든	月乙	달	寸乙	실	士丶	새	丶叱	잇
曰叱	릿	巨丶	케	尹卩	난	亽丶	에	五卩	온		

4. 용례用例

口訣	音
丷口	하고
丷匕	하니
丷匕ᄉ	하니라
丷ㄱ	하야
丷ㄱ卩	하야는
丷ㄱ尹卩	하야난
丷尹匕	하나니
丷ᄉ	하라
丷匕ᄉ	하니라
丷寸匕	하시니
丷尒	하며
丷寸丆	하시면
丷寸卩大	하신대
丷申大	하신대
丷乙士丶	할새
丷又ᄉ	하노라
丷又匕	하노니
丷小西	하소서
丷力匕	하더니
丶匕	이니

구결	음
丶尹	이나
丶ᄉ	이라
丶ᄉ刀	이라도
丶亽匕	이어니
丶亽乙	이어늘
丶亽尒卩	이어든
丶户匕	이러니
丶户丶夕	이러이다
丶户寸匕	이러시니
丶叱可	잇가
丶曰叱口	이릿고
丶牙	이아
亐弋	호대
亐大	호대
亐匕	호니
亐曰ᄉ	호리라
亐丶夕	호이다
乙又	으로
又夕	로다
又大	로대

구결	음
又丶夕	로이다
又小丶夕	로소이다
尹卩	난
曰五	리오
言丁	언정
言馬卩	언마는
巨丶夕	케이다
丶寸乙士丶	이실새
丷寸乙士丶	하실새
丷舍	하사
丷士	하사
丶卩广	인저
丶卩大	인대
印大	인대
丶匕丶夕	이니이다
丶五卩女	이온여

※ 이 외에도 다양한 조합이 가능함.

한자한문교육총서 37

원문 大學·中庸集註 정가 11,000원

2025년 07월 20일 초판 인쇄
2025년 07월 31일 초판 발행

편　집　고전교육연구실
교　정　이화춘 신양선 백준철
출　판　백준철

발 행 인　김 현
발 행 처　(사)전통문화연구회
서울 종로구 삼봉로 81 두산위브파빌리온 1332호
전화 : (02)762-8401　전송 : (02)747-0083
홈페이지 : juntong.or.kr
사이버서원 : hm.cyberseodang.or.kr
온라인서점 : book.cyberseodang.or.kr
등　록　1989. 7. 3. 제1-936호
총　판　한국출판협동조합(070-7119-1750)

I S B N　979-11-5794-441-5 (04710)
978-89-85395-54-0 (세트)

전통문화연구회 도서목록

新編 基礎漢文教材·漢文讀解捷徑

新編 四字小學·推句 고전교육연구실 編譯 11,000원
新編 啓蒙篇·童蒙先習 고전교육연구실 編譯 11,000원
新編 明心寶鑑 李祉坤·元周用 譯註 15,000원
新編 擊蒙要訣 咸賢贊 譯註 12,000원
新編 註解千字文 李忠九 譯註 12,000원
新編 原文으로 읽는 故事成語 元周用 編譯 15,000원
新編 唐音註解選 權卿相 譯註 22,000원
(개정판) 漢文독해기본패턴 고전교육연구실 著 20,000원
논어독해 첫걸음 고전교육연구실 著 17,000원
맹자독해 첫걸음 근간
한문독해첩경 文學篇 朴相水·李和春 외 著 17,000원
한문독해첩경 史學篇 朴相水·李和春 외 著 17,000원
한문독해첩경 哲學篇 朴相水·李和春 외 著 17,000원

五書五經讀本

論語集註 上·下 鄭太鉉 譯註 合 49,000원
孟子集註 上·下 田炳秀 外 譯註 合 60,000원
大學·中庸集註 李光虎 外 譯註 15,000원
小學集註 上·下 李忠九 外 譯註 合 50,000원
詩經集傳 上·中·下 朴小東 譯註 合 90,000원
書經集傳 上·中·下 金東柱 譯註 合 90,000원
周易傳義 元·亨·利·貞 崔英辰 外 譯註 合 120,000원
詳說 古文眞寶大全後集 上·下 李相夏 外 譯註 合 64,000원
春秋左氏傳 上·中·下 許鎬九 外 譯註 合 109,000원
禮記 上·中·下 成百曉 外 譯註 合 90,000원

東洋古典國譯叢書

大學·中庸集註 -개정증보판 成百曉 譯註 12,000원
論語集註 -개정증보판 成百曉 譯註 30,000원
孟子集註 -개정증보판 成百曉 譯註 30,000원
詩經集傳 上·下 成百曉 譯註 合 70,000원
書經集傳 上·下 成百曉 譯註 合 66,000원
周易傳義 上·下 成百曉 譯註 合 80,000원
小學集註 成百曉 譯註 30,000원
古文眞寶 後集 成百曉 譯註 32,000원

東洋古典譯註叢書

〈經部〉

十三經注疏
周易正義 1~4 成百曉 外 譯註 合 147,000원
尙書正義 1~7 金東柱 譯註 合 241,000원
毛詩正義 1~8〔全15〕 朴小東 外 譯註 合 288,000원
禮記正義 1~3, 中庸·大學 李光虎 外 譯註 合 117,000원
論語注疏 1~3 鄭太鉉 外 譯註 合 117,000원
孟子注疏 1~4〔全5〕 崔彩基 外 譯註 合 124,000원
孝經注疏 鄭太鉉 外 譯註 35,000원
周禮注疏 1~4〔全15〕 金容天 外 譯註 合 129,000원
春秋左傳正義 1~2〔全18〕 許鎬九 外 譯註 合 59,000원
春秋公羊傳注疏 1〔全7〕 宋基采 外 譯註 合 37,000원
春秋左氏傳 1~8 鄭太鉉 譯註 合 255,000원
禮記集說大全 1~6〔全10〕 辛承云 外 譯註 合 206,000원
東萊博議 1~5 鄭太鉉 外 譯註 合 172,000원
韓詩外傳 1~2 許敬震 外 譯註 合 65,000원
說文解字注 1~5〔全20〕 李忠九 外 譯註 合 172,000원

〈史部〉

思政殿訓義 資治通鑑綱目 1~23〔全39〕 辛承云 外 譯註 合 710,000원
通鑑節要 1~9 成百曉 譯註 合 316,000원
唐陸宣公奏議 1~2 沈慶昊 外 譯註 合 88,000원
貞觀政要集論 1~4 李忠九 外 譯註 合 109,000원
列女傳補注 1~2 崔秉準 外 譯註 合 68,000원
歷代君鑑 1~4 洪起殷 外 譯註 合 140,000원

〈子部〉

孔子家語 1~2 許敬震 外 譯註 合 79,000원
管子 1~4〔全5〕 李錫明 外 譯註 合 130,000원
近思錄集解 1~3 成百曉 譯註 合 106,000원
老子道德經注 金是天 譯註 30,000원
大學衍義 1~5〔全7〕 辛承云 外 譯註 合 148,000원
墨子閒詁 1~7 李相夏 外 譯註 合 267,000원
說苑 1~2 許鎬九 譯註 合 50,000원
世說新語補 1~5 金鎭玉 外 譯註 合 181,000원
荀子集解 1~7 宋基采 譯註 合 238,000원
心經附註 成百曉 譯註 38,000원
顔氏家訓 1~2 鄭在書 外 譯註 合 59,000원
揚子法言 1〔全2〕 朴勝珠 譯註 24,000원
列子鬳齋口義 崔秉準·孔勤植·權憲俊 共譯 40,000원
二程全書 1~7〔全8〕 崔錫起·外 譯註 合 251,000원
莊子 1~4 安炳周·田好根 共譯 合 143,000원
政經·牧民心鑑 洪起殷·全百燦 譯註 27,000원
韓非子集解 1~5 許鎬九 外 譯註 合 202,000원
武經七書直解
孫武子直解·吳子直解 成百曉 外 譯註 45,000원
六韜直解·三略直解 成百曉 外 譯註 26,000원
尉繚子直解·李衛公問對直解 成百曉 外 譯註 26,000원
司馬法直解 成百曉 外 譯註 26,000원

〈集部〉

古文眞寶 前集 成百曉 譯註 30,000원
唐詩三百首 1~3 宋載卲 外 譯註 合 127,000원
唐宋八大家文抄 韓愈 1~3 鄭太鉉 譯註 合 78,000원
〃 柳宗元 1~2 宋基采 譯註 合 44,000원
〃 歐陽脩 1~7 李相夏 譯註 合 220,000원
〃 王安石 1~2 申用浩·許鎬九 共譯 合 45,000원
〃 曾鞏 宋基采 譯註 25,000원
〃 蘇洵 李章佑 外 譯註 25,000원
〃 蘇軾 1~5 成百曉 譯註 合 110,000원
〃 蘇轍 1~3 金東柱 譯註 合 64,000원
明清八大家文鈔 1 歸有光·方苞 李相夏 外 譯註 35,000원
〃 2 劉大櫆·姚鼐 李相夏 外 譯註 35,000원
〃 3 梅曾亮·曾國藩 李相夏 外 譯註 38,000원
〃 4 張裕釗·吳汝綸 李相夏 外 譯註 50,000원

東洋古典新譯

당시선 송재소·최경렬·김영죽 편역 24,000원
손자병법 성백효 역주 14,000원
장자 안병주·전호근·김형석 역주 13,000원
고문진보 후집 신용호 번역 28,000원
노자도덕경 김시천 역주 15,000원
고문진보 전집 上·下 신용호 번역 各 22,000원
신식 비문척독 박상수 번역 25,000원
쉽게 배우는 안씨가훈 김창진 편역 23,000원

동양문화총서

동양사상 해설과 원전 정규훈 외 저 22,000원
화합의 길 《중용》 읽기 금장태 저 20,000원
호설과 시장 신용호 저 20,000원
어느 노학자의 젊은 시절 -《고문진보》選譯 심재기 저 22,000원

문화문고

경전으로 본 세계종교 그리스도교 이정배 편저 10,000원
〃 도교 이강수 편역 13,000원
〃 천도교 윤석산 외 편저 10,000원
〃 힌두교 길희성 편역 10,000원
〃 유교 이기동 편저 10,000원
〃 불교 김용표 편저 22,000원
〃 이슬람 김영경 편역 13,000원
논어·대학·중용 조수익·박승주 공역 13,000원
맹자 조수익·박승주 공역 10,000원
소학 박승주·조수익 공역 10,000원
십구사략 1~2 정광호 저 合 24,000원
무경칠서 손자병법·오자병법 성백효 역 13,000원
〃 육도·삼략 성백효 역 10,000원
〃 사마법·울료자·이위공문대 성백효 역 10,000원
당시선 송재소·최경렬·김영죽 편역 10,000원
한문문법 이상진 저 20,000원
한자한문전통교재 조수익·이성민 공역 13,000원
士小節 선비 집안의 작은 예절 이동희 편역 13,000원
儒學이란 무엇인가 이동희 저 18,000원
동아시아의 유교와 전통문화 이동희 저 13,000원
현대인, 동양고전에서 길을 찾다 이동희 저 10,000원
100자에 담긴 한자문화 이야기 김경수 저 12,000원
우리 설화 1~2 김동주 편역 合 20,000원
대한민국 국무총리 이재원 저 10,000원
백운거사 이규보의 문학인생 신용호 저 14,000원